AUX ÉTUDIANTS

EN DROIT,

ÉPITRE EN VERS

PAR UN AVOCAT.

Troisième édition

ORNÉE D'UNE VIGNETTE DE

J.-J. GRANDVILLE.

PRIX : 75 CENTIMES.

PARIS

CHEZ NAPOLÉON BÉCHET

RUE DE SORBONNE, 14,

CHEZ LES PRINCIPAUX LIBRAIRES DU QUARTIER LATIN

ET CHEZ L'AUTEUR, RUE DE L'ODÉON, 32.

1840

AUX ÉTUDIANTS

EN DROIT,

ÉPITRE EN VERS

PAR UN AVOCAT.

Troisième édition

ORNÉE D'UNE VIGNETTE DE

J.-J. GRANDVILLE.

PARIS

CHEZ NAPOLÉON BÉCHET

RUE DE SORBONNE, 14,

CHEZ LES PRINCIPAUX LIBRAIRES DU QUARTIER LATIN

ET CHEZ L'AUTEUR, RUE DE L'ODÉON, 32.

—

1840

IMPRIMERIE DE H. FOURNIER ET Ce,
14, RUE DE SEINE.

L'EXAMEN.

(Épître aux Étudiants en Droit.)

AUX ÉTUDIANTS

EN DROIT.

PARIS, NOVEMBRE.

N. B. Cette épître a paru, pour la première fois, vers l'époque de la rentrée des écoles. Elle s'adresse principalement aux étudiants de première année.

Vous voilà donc enfin délivrés du collége !
Vous n'y rentrerez plus : que le ciel le protége ! !
Vous voilà dans un monde où les illusions,
Les rêves, les projets et les déceptions
Tourbillonnent sans cesse, entraînant leur victime
Du plus riant séjour au plus profond abîme.
Gardez-vous de penser que ce ton sérieux
Cache quelque pédant, moraliste ennuyeux,
Un ex-maître d'étude, un professeur classique,
Encor tout imprégné des lieux de rhétorique.
Non, mes amis : ce n'est qu'un ex-étudiant,
Un apprenti-rimeur, ou rimeur suppléant,
Qui, connaissant de nom et Cujas et Barthole,

Veut vous montrer du doigt les abords de l'École.
Mais écoutez d'avance un tout petit conseil :
Conseiller, c'est mon faible, et sans grand appareil
J'aime à semer les fruits de mon expérience.
Venez-vous à Paris chercher de la science,
Que l'amour du travail soit votre unique appui ;
Que l'ouvrage *du jour* se termine *aujourd'hui* :
Tout ce qu'au lendemain la Paresse renvoie,
Est un fleuve, un torrent, qui grossit et vous noie.
Si vous ne voulez être arrêtés en chemin,
Subissez chaque année au moins un examen :
Remportez-en chez vous la *boule* et la quittance ;
De vos premiers travaux qu'il soit la récompense,
Et joyeux voyageurs vous pourrez, sans regrets,
Aux vacances revoir vos bois et vos guérets.
Mais pour y parvenir que de soins ! que de peines !
Que d'ennuis, de dégoûts ! sans compter les migraines !
Que je plains votre sort, pauvres étudiants !
Pendant un long séjour d'au moins trois ou quatre ans,
Groupés sous le quinquet d'un salon littéraire,
Des bouquins il faudra dévorer la poussière !
Mais au lieu de pâlir sur les commentateurs,
Allez suivre les cours d'excellents professeurs ;
Allez y butiner : imitez les abeilles.
Là vous n'avez besoin que de vos deux oreilles :
Modestement assis sur des bancs *pas trop durs*,
Des profondeurs du droit les points les plus obscurs
Se transforment pour vous en brillants météores,
Et la science infuse entre par tous les pores.
Allez, allez aux cours : car moi, pauvre rimeur,
Qui m'expose au courroux de plus d'un professeur,
J'y vais, j'y vais encore, et, je vous le confesse,
Si je suis assidu c'est par pure paresse.

Là vous verrez de près un auteur estimé
Pour un vingtième tome au loin très-renommé :
Et si pendant le cours il vous lit son ouvrage,
Vous avez avec lui cet immense avantage
Que, s'il tombe malade, on peut, sans déshonneur,
Prendre pour suppléant son libraire-éditeur.

Son collègue, il est vrai, d'un ton soporifique
Ergotant sur la loi qu'avec soin il explique,
Et s'agitant sans cesse, en arrière, en avant,
Comme pour couper l'air ou pour scier le vent,
Semble un petit rabbin priant en synagogue.
Allez, et vous verrez : ceci n'est qu'un prologue.

Un autre. .   .   .   .

.   .   .   .

.   .   .   .

.   .   .   .

Assaisonnant le tout de quelques vieux bons mots
(C'est son faible), il fera la guerre à vos chapeaux,
Dussiez-vous y gagner un rhume opiniâtre :
Et puis il vous dira que votre amphithéâtre,
Après avoir coûté *quatre cent mille francs*,
Reçoit encor la pluie au beau milieu des bancs.

Son confrère, fameux dans l'art du *dogmatique*,
Et voulant adopter un ordre méthodique,
Commence par la fin ou bien par le milieu,
C'est-à-dire à peu près comme on écrit l'hébreu.
Vous pourrez, en suivant sa divine méthode,
Commenter les décrets de David ou d'Hérode;
Car il est très-profond, c'est un Justinien,
Si profond, qu'à son cours vous ne comprenez rien.

Plus loin vous entendrez un vieillard vénérable,
Assidu, vigilant, exact, infatigable.
A l'âge où la nature invoque le repos,

Laborieux, actif, il est frais et dispos.
Mais du soir au matin réglez bien votre montre,
A la *demi-minute*.... et jamais à l'encontre!
   Vous entendrez aussi le jeune professeur,
Des torts de la routine assidu redresseur,
Et surnommé, dit-on, sans la moindre hyperbole,
Amour, *Petit chéri*, *Benjamin* de l'École.
Il vous aplanira d'amples *difficultés*
Sur les billets prescrits, endossés, protestés,
Le décroire, l'aval, le fret, le dividende;
Car celle qu'il explique est toujours la plus grande.
   Mais laissons un instant nos frivoles discours,
Et sous un autre aspect envisageons les cours.
Là, quand le sombre ennui, le dégoût vous abreuve,
Songez à l'*examen*, cette terrible épreuve!
Examen!... à ce mot je vous vois frissonner :
Moi-même je frissonne en voulant crayonner
Seulement ses apprêts, sa fatale *toilette!*
Cette robe fripée et tant soit peu roquette,
Ce rabat de bougran, qu'un noir appariteur
Vous loue au plus bas prix d'un bon agioteur!
On n'attend plus que vous... on a sonné l'alerte;
Vous entrez; l'on vous met devant la table verte,
Et déjà, le sourcil hérissé d'arguments,
Les examinateurs préparent vos tourments.
L'un citant de mémoire une foule d'articles,
Et n'ayant pour cela pas besoin de besicles,
Prend du code civil un chapitre à rebours.
L'autre croit deviner que vous fuyez son cours,
Et faisant d'un seul trait et demande et réponse,
Si vous dites un mot, vous donne une semonce.
Son confrère, plus lent à vous questionner,
Au pas de l'obélisque aime à s'acheminer.

Celui-ci, par l'effet d'un petit égoïsme,
Vous lance à tout propos le mot de *catéchisme*.
Celui-là pour un rien enflamme son courroux
(Mais il va se fâcher!... tout doux! rimeur, tout doux!);
Un autre, maniéré comme une jeune fille,
Bien doucement, dit-on, vous tâte et vous pointille.
L'un, cherchant son *espèce* au temps de Sésostris,
Vous répète vingt fois : « Allez donc! *Quid juris?* »
Son voisin, la voulant un peu plus familière,
Vous envoie à la halle avec sa cuisinière.
Mais craignez avant tout le jeune suppléant :
L'ambition le pousse, et c'est en vous heurtant
Que du choc il fera jaillir une étincelle
De ce profond savoir qui lui sert d'escabelle.
Redoutez plus encor les débats curieux
Des confrères *Tant-pis* et des docteurs *Tant-mieux;*
Car Thémis en fournit aussi bien qu'Hippocrate
(C'est peut-être l'effet du bonnet d'écarlate) :
Au chapitre des DROITS RESPECTIFS DES ÉPOUX,
Les *régimes*, Monsieur, combien en comptez-vous?
Tel professeur dit *deux*; son confrère en veut *quatre* :
Pour l'un il faut doubler, et pour l'autre, en rabattre.
Quand vous auriez dix ans pris pour répétiteur
Le suppléant * * * * * * * et même un professeur;
Quand vous seriez en droit un monsieur Delavigne,
Ou bien un Mazerat, un travailleur insigne;
Quand vous sauriez par cœur et *Lagrange* et *Rogron*,
La bizarre Fortune, en robe et chaperon,
Semble y jouer aux dés ; et le dé, c'est la boule
Que proclame en son nom le messager Reboule.
Non que j'accuse ici de partialité
Les petits tribunaux de notre Faculté;
Mais sur eux le hasard, malgré la conscience,

Exerce, à leur insu, sa funeste influence :
De vos juges d'abord c'est lui qui fait le choix,
Du moins il me le semble, et, docile à sa voix,
Reboule en griffonnant vous en forme la liste :
Heureux, quand ce n'est pas un maigre buraliste
Qui fixe votre rang pour ce jour de terreur,
Peut-être de triomphe, et souvent de malheur !
Ce n'est pas tout encor : l'implacable Fortune
Vous offre jusqu'au bout sa présence importune :
Elle est là, devant vous, derrière le fauteuil
De l'examinateur, qui lui fait bon accueil ;
Voit-elle en votre esprit un clair-obscur, un doute,
Vite elle s'en empare, et vous met en déroute,
Négligeant à dessein, d'un air malicieux,
Les points que vous avez étudiés le mieux.
Aussi, pour l'examen, telle on voit la phalange
Qu'un prudent général dispose, ordonne, arrange,
Exigeant avant tout que les rangs soient serrés,
Tels il faut qu'en tous points vous soyez préparés :
Car le moindre intervalle, ou la moindre lacune,
Est le signal de mort que guette la Fortune.
Mais si malgré vos soins, vos veilles, vos travaux,
Un échec apportait le comble à tous vos maux,
En entendant l'arrêt de funeste présage,
Ah ! mes pauvres amis, ne perdez pas courage :
La tache n'en est pas imprimée au rabat :
On pourrait vous citer un très-grand Magistrat
Qui, pour avoir été farci de boules *noires*,
N'en fait pas moins briller ses talents oratoires.

Quand le droit vous aura glacés par ses brouillards,
Allez vous réchauffer aux rayons des beaux-arts :
Un esprit fatigué repousse la science.

Serez-vous avocat, cultivez l'éloquence ;
Visitez au palais les cours, les tribunaux :
Vous y verrez plaider des faits toujours nouveaux.
Laissez parfois dormir l'aride procédure
Pour cultiver l'histoire et la littérature.
Vous avez près de vous deux fameux professeurs
S'adressant chaque jour à des flots d'auditeurs :
On vous dira leur nom ; mais permettez d'avance
Que je fasse un croquis au moins de leur prestance :
Simple *rapin* je vois tout à l'extérieur,
Peignant du chêne altier l'écorce et non le cœur.
  Il est près de l'École (et c'est un fait notoire)
Un collége fameux par un observatoire
Où l'on a vu, dit-on, le soleil en plein jour ;
Mais pour voir une éclipse [1], on descend dans la cour.
C'est là, mes chers amis, que la foule se porte.
Si vous ne voulez être étouffés à la porte,
Ou laisser à la presse un pan de votre habit,
Et quelquefois un membre au milieu du conflit,
Entrez longtemps d'avance, et profonds politiques
Savourez les récits de nos feuilles publiques ;
Ou même, en attendant, impassibles lecteurs,
Fouillez une heure ou deux dans vos commentateurs.
Pendant ce temps la foule arrive et se condense,
Tant est puissant l'attrait d'une mâle éloquence !
L'un dispute sa place : on la lui prend d'assaut ;
L'autre va se percher sur un frêle échafaud ;
Celui-ci, cramponné le long d'une colonne,
Sur un galant voisin s'appuie et s'étançonne ;
Plus loin par la fenêtre un autre s'introduit,
Un deuxième l'imite, un troisième les suit ;

1. Voyez sur ce point l'opinion de M. Arago, émise à la Chambre des députés le lendemain même de l'éclipse de 1836.

On pousse et l'on repousse ; on avance, on reflue ;
On étouffe, on s'écrase : oh ! l'horrible cohue !
De grâce, arrivez donc, monsieur le professeur !
Vous aurez à répondre un jour d'un grand malheur.
Le voilà !... — Quel est-il ? — C'est ce brillant Hercule
Qui s'élevant soudain sur la chaise curule,
Rajuste ses habits dans la presse froissés.
Que de frémissements ! de regards empressés !
On s'assied , on se range, on retient son haleine [1],
Et déjà l'orateur, nouvelle Melpomène,
Roule sur l'auditoire un regard sourcilleux [2].
Gare à vous ! il est prêt , et d'un poing vigoureux
Faisant trembler sa chaire , il souffle , il parle , il tonne.
Est-ce un mugissement ? non ; mais qu'il me pardonne,
C'est la mer en courroux, les vagues, le roulis ;
Et parmi les effets d'un si beau cliquetis ,
Parmi ses tourbillons, que poursuit-il ?......... l'IDÉE ! !
Mais si grande , a-t-on dit, qu'elle en est boursouflée :
Encor l'homme à PRÉFACE en viendra-t-il à bout ?
Pour moi, vous le savez, qui crayonne avant tout ,
Le soir, en me couchant pour calmer ma migraine ,
Je dis à mon esprit ce mot de La Fontaine :
Qu'en as-tu rapporté ?........ Le plus souvent , *du vent.*
    Mais c'est assez noircir un illustre savant :
Allons tous admirer un genre d'éloquence
Plus flexible, plus doux , mais non pas sans puissance.
RAISON INGÉNIEUSE , écrit sur son drapeau,
Vous définit l'esprit et son plus pur flambeau.
Mais c'est, me direz-vous, une voix de caillette !
D'accord (car un journal a choisi l'épithète) :

1. Ceci s'imprimait pour la première fois en 1837 ; que les temps sont
changés ! ! !

2. *Lumine torvo.*

Mais j'aime mieux un faible et mélodieux son
Distillant dans mon âme une utile leçon,
Que tout ce grand fracas d'un brillant tintamarre,
Qui soudain m'étourdit, m'épouvante ou m'égare.
Loin de moi de vouloir imposer mon avis
A ceux que le fracas verra toujours ravis ;
Car si je crains de loin le bruit des caravanes,
C'est peut-être l'effet de mes faibles organes :
J'ai les nerfs délicats, et le moindre ouragan
Les agace et me brise et l'âme et le tympan.
Aussi je vous dirai, confessant ma faiblesse :
C'est par tempérament que j'aime la souplesse
D'un style doux, léger et jamais nébuleux :
Au milieu d'un sujet même facétieux,
Mon orateur se montre et pathétique et tendre :
Si je reste à Paris, c'est afin de l'entendre.
Mais pourquoi si souvent prend-il un encensoir
Pour en casser le nez à messieurs du Pouvoir ?
Où trouverons–nous donc la noble indépendance,
Si ce n'est au plus pur foyer de l'éloquence ?
En un mot, pourquoi prendre un ton de magister
Pour blâmer *aujourd'hui* ce qu'on louait *hier ?*
Pourquoi toujours parler au nom de la jeunesse,
Qu'on réduit au silence aussi bien que la presse ?
Hélas ! pour assister à d'aimables combats,
N'avons-nous pas assez du *Journal des Débats !*

Mais laissons un instant la Faculté des lettres ;
Laissons-la varier comme nos thermomètres.
Allons un peu plus loin assister à ce cours [1]
Où Thémis, d'Esculape empruntant le secours,

1. Cours de MÉDECINE LÉGALE, obligatoire pour les étudiants en médecine,
et facultatif pour les étudiants en droit.

Nous montre que du droit le vaste labyrinthe
A grands pas chaque jour élargit son enceinte.
Assistons-y, non pas pour nous croire docteurs
En luttant de jactance avec certains hâbleurs ;
Mais pour pouvoir comprendre, aussi bien que Molière,
Cet amas de grands mots, ce lourd vocabulaire,
Qu'un docteur, tout bouffi de son grec médical,
Aime à nous dérouler au pied d'un tribunal.

Enfin, pour suivre un cours d'hygiène pratique
Allez vous restaurer chez Rousseau l'*Aquatique*,
Ou bien chez Flicoteaux, ce rival de Véfour,
Et de là, mes amis, allez au Luxembourg
Admirer les grands airs de nos femmes savantes ;
Puis dirigez vos pas vers le Jardin des Plantes,
Où l'on voit du *sajou* le grotesque minois :
Pour vous distraire allez lui lancer quelques noix ;
Mais fuyez la *guenon* paresseuse et coquette
Qui fourmille à Paris sous le nom de *grisette*,
Ce flibustier coiffé, qui conspire en riant
A qui dévorera du pauvre étudiant
Non le cœur, mais la bourse..... et craignez que l'orgie
Ne vous mène gaîment à Sainte-Pélagie.

FIN DE L'ÉPITRE.

A J. J. GRANDVILLE,

MON COMPATRIOTE,

EN LUI FAISANT HOMMAGE DE MES PREMIERS ESSAIS.

AIR *de la Gaudriole*,
Ou : *La bonne aventure, ô gué !*

GRANDVILLE, écoute un seul mot
    Chanté sans enflure :
Un Lorrain n'étant pas sot
    Pour venger l'injure [1],
Le Pouvoir..... (chut !..... j'ai parlé)
Par tes soins nous fut moulé
    En caricature
        O gué !
    En caricature.

Naguère dans tout Paris,
    Près d'une brochure,
On nous étalait *gratis*
    La drôle figure
D'un ministre au nez flûté,
Ou bien d'un gros député
    En caricature
        O gué !
    En caricature.

1. On connaît la devise : NON INULTUS PREMOR. *Qui s'y frotte s'y pique.*

Mais bientôt dans sa bonté
L'aimable Censure
Vint faire à notre gaîté
Large égratignure :
Comment rire à bon marché
Depuis qu'on a déhanché
La Caricature
O gué!
La Caricature?

Des lieux où se font les cours
Je sais les allures;
J'en connais tous les détours
Et les encoignures :
Là je pourrai te mener,
Si tu veux les crayonner
En caricature
O gué!
En caricature.

Immole aussi les docteurs
En littérature ;
Mais épargnant les rieurs
Que ton nom rassure,
Ne fais pas, s'il te déplaît,
Du chanteur de ce couplet
La caricature
O gué!
La caricature.

A cette chanson l'artiste a répondu par une vignette.